Género No ficción

¿? Pregunta esencial

¿Cómo llega el alimento hasta nosotros?

La piña

Del campo a la mesa

Marisa Cattani

¿Te gusta la piña?
Es un alimento sano.
También es muy rico.
¿Cómo va del campo
a tu casa?

Mira lo que hay dentro de la piña. ¿Qué ves? ¡Es pura pulpa!

Las plantas de piña salen de semillas. Y salen de otras piñas.

Las semillas se entierran en el suelo. La tierra debe estar húmeda. El aire debe ser cálido. Así la planta estará sana.

La planta crece despacio. Las piñas tienen que madurar. Cuando maduran, se pueden comer.

Las piñas maduras se recogen. Es un trabajo duro. Toma mucho tiempo.

Las piñas se ordenan en cajones. Se colocan unas encima de otras.

Los cajones se ponen en camiones. Estos las llevan al mercado.

En el mercado, las piñas se colocan a la vista.

Las piñas ya se pueden vender. Todos eligen su piña favorita. ¡Elige la tuya!

Respuesta a la lectura

Volver a contar

Vuelve a contar *La piña* con tus propias palabras.

Primero
↓
Después
↓
Luego
↓
Al final

Evidencia en el texto

1. Mira la página 7. ¿Qué pasa cuando las piñas maduran?
   Orden de los sucesos
2. Mira las páginas 8 y 9. ¿Qué pasa antes de que los camiones lleven las piñas al mercado? Orden de los sucesos
3. ¿Cómo sabes que *La piña* es un texto de no ficción? Género

Género No ficción

Compara los textos
Lee sobre cómo se hace el yogur.

Yogur: rico y sano

Es de mañana. Son las ocho. Buscas algo rico para desayunar. Si es sano, mejor. ¡Prueba un yogur! ¿Sabes cómo se hace?

Paso	¿Qué se hace?
1	Se hierve la leche para matar los gérmenes.
2	Se añade un cultivo de bacterias buenas. Estas espesan la leche.
3	La leche se calienta de nuevo.
4	El yogur se enfría. Se añade la fruta.
5	El yogur se pone en envases.
6	Los envases se ordenan en cajas.
7	Las cajas se llevan a las tiendas.

Haz conexiones

Mira ambos textos. ¿En qué se parece la manera en que las piñas y el yogur llegan a las tiendas?

El texto y otros textos

Enfoque:

Estudios Sociales

Propósito Clasificar bienes y servicios

Paso a paso

Paso 1 *Bienes* son cosas que hay en el mercado. *Servicios* son trabajos que hacen las personas. Mira esta lista:

piñas ordenar piñas
yogur envarsar yogur

Paso 2 Haz una tabla como esta:

bienes	servicios

Paso 3 Escribe los bienes y servicios de la lista en la tabla.